THE COMPLETE VERSION
完全版

鏡の法則

Rule of Mirror

野口嘉則
Yoshinori Noguchi

THE COMPLETE VERSION

サンマーク出版

完全版　鏡の法則

もくじ

装丁　八木美枝
イラスト　三村晴子
編集協力　株式会社ぷれす、竹下祐治
本文ＤＴＰ　朝日メディアインターナショナル
編集　金子尚美（サンマーク出版）

この物語は、
登場人物の名前や職業などを変えていますが、
実話にもとづいています。

鏡の法則

今年41歳になる、主婦の秋山栄子には悩みがあった。

小学校5年生になる息子の優太が、学校でいじめられるのだ。いじめられるといっても、暴力まではふるわれないらしい。友達から仲間はずれにされたり、何かあると悪者扱いされたりすることが多いようだ。

「いじめられているわけじゃない」と言い張っているが、優太を見ていると寂しそうなので、栄子は胸が痛むのだ。

優太は野球が好きなのだが、友達から野球に誘ってもらえないので、学校から帰ってきたらひとりで公園に行って、壁とキャッチボールをしている。

2年くらい前には、優太が友達といっしょに野球をしていた時期もあった。

当時のことだが、栄子が買い物の帰りに小学校の横を通りかかったときに、グラウンドで優太が友達と野球をしていた。

優太がエラーをしたらしく、周りからひどく責められていた。

チームメイトたちは、容赦なく大きな声で優太を責めた。

「お前、運動神経がにぶ過ぎだぞ！」

「お前のせいで3点も取られたじゃないか！」

「負けたらお前のせいだぞ！」

栄子は思った。たしかに優太の運動能力は高くない。でも、優太には優太のいいところがある。とても心が優しい子なのに……。

栄子は、優太のいいところが認められていないことが、悔しかった。

そして、ひどいことを言うチームメイトたちに対して、自分の息子が笑顔で謝っているのを見るのがつらかった。

その後間もなく、優太は野球に誘われなくなった。

「お前はチームの足を引っぱるから誘わん」と言われたらしい。

優太にとっては、野球に誘ってもらえないことが一番つらいようだ。栄子へのやつ当たりが目立って増えたことからも、それがわかる。しかし優太は、つらさや寂しさを、けっして話してはくれなかった。栄子にとって一番つらいのは、優太が心を開いてくれないことだった。「僕は平気だ」と言い張るばかりなのだ。

友達との上手な関わり方を栄子が教えようと試みても、「うるさいな！　ほっといてよ」と言う。

「転校しようか？」と持ちかけたときは、「そんなことをしたら、一生うらむよ！」と言い返してきた。

栄子は息子の状況に対して、自分が何もしてやれないことが情けなく、無力感に陥っていた。

ある日、学校から帰宅して公園に行ったばかりの優太が、不機嫌な顔で帰ってきた。

「何があったの？」と聞いても、「何もない」と言って教えてくれない。

真相は一本の電話で明らかになった。その夜、親しくしている近所の奥さんから電話がかかってきたのだ。

「栄子さん、優太君から何か聞いてる？」

「えっ？　いいえ」

「今日、公園でうちの下の子どもをブランコに乗せていたのよ。優太君は、いつものように壁にボールを投げて遊びはじめたわ。するとね、優太君のクラスメイトらしい子たちが7、8人くらいやってきてね、『ドッジボールするからじゃまだ！』って優太君に言うのよ。しかも、その中のひとりがボールを優太君にぶつけたのよ。優太君、すぐに帰っていったわ。私としては、その場で何もできなくて申し訳なかったと思ってね」

栄子は愕然《がくぜん》とした。

「そんなことがあったのを私に黙っていたなんて……」

そんなつらい思いをしていながら、自分に何も言ってくれないことが悲しかった。その日は、あらためて優太から聞き出そうという気力も、湧いてこなかった。

翌日、栄子はある人に電話をかけることを決意した。

その人とは、夫の先輩に当たる矢口氏だ。

栄子は、矢口氏とは話したこともないのだが、1週間前に夫から矢口氏の名刺を渡された。

矢口氏は、夫が高校時代に通っていた剣道道場の先輩である。夫も20年くらい会っていなかったらしいが、街を歩いていたら、たまたまばったり出会ったということだった。

久々の再会に盛り上がって喫茶店に入り、2時間も話したらしい。矢口氏は、今は経営コンサルタントを仕事にしているそうだ。

夫の話では、矢口氏は心理学にもくわしく、企業や個人の問題解決を得意としているとのこと。そこで夫が優太のことを少し話したら、「もしかしたらお役に立てるかもしれないよ」と言って名刺を渡してくれたそうだ。

その日、夫は、「お前のほうから直接電話してみろよ。話を通しておいてやったから」と、その名刺を渡してきた。

「どうして私が、そんな知らない人にまで相談しなきゃいけないの。あなたが直接相談したらいいじゃない」

「俺が心配なのは、お前のほうだ。優太のことで、ずっと悩みつづけているじゃないか。だから、そのことを矢口さんに話したんだ」

「私に問題があるっていうの？　私が悩むのは当然よ、親なんだから！あなたは一日中トラックに乗ってりゃいいんだから気楽よね。実際に優太を育ててるのは私なんだからね。あなたはいっしょに悩んでもくれない。私はその人になんか相談しないわ。どうせその人も、子育てのことは何もわからないに決まってるわ」

そう言って栄子は、その名刺をテーブルの上に投げた。

それから1週間が経《た》ち、栄子はすっかり落ち込み、わらにもすがるような気持ちになっていた。近所の奥さんから昨日聞いた話のためである。

こんなつらい思いをするのはイヤ、誰でもいいから助けてほしい。そう思ったときに、矢口氏のことを思い出したのだ。幸い名刺はすぐに見つかった。

優太が学校に行って1時間くらい経ったころ、意をけっして矢口氏に電話をかけた。

そのとき栄子は、その日に起きる驚くべき出来事を、想像だにしていなかった。

受付の女性が出て、矢口氏に取り次いでくれた。

栄子は自分の名前を告げたものの、電話に出てきた矢口氏の声が明るかったので、こんな悩み事を相談してもいいのだろうかという気持ちになった。

次の言葉がなかなか見つからなかったが、矢口氏のほうから声をかけてきてくれた。

「もしかして秋山君の奥さんですか？」

「はい、そうなんです」

「あー、そうでしたか。はじめまして」

「あのー、主人から何か聞かれていますか？」

「はい。少し聞きました。なんでも息子さんのことで悩んでいらっしゃるとか」

「相談に乗っていただいていいのでしょうか？」

「今1時間くらいなら時間がありますので、よかったらこの電話で話を聞かせてください」

栄子は、優太がいじめられたり、仲間はずれにされたりしていることを簡単に話した。そして、前日にあった出来事も。

ひととおり聞いて、矢口氏は口を開いた。

「それはつらい思いをされていますね。親として、こんなにつらいことはないですよね」

その一言を聞いて、栄子の目から涙があふれてきた。

栄子が泣きはじめたのに気づいた矢口氏は、栄子が落ち着くのを待ってから続けた。

「この問題をなんとかしたいですよね。いくつか質問させてくださいね。なんとかするための糸口が見つかるかもしれません」

栄子は、「なんとかするための糸口が見つかるかもしれない」という言葉が信じられなかった。自分が何年も悩んで解決できないことだったからだ。しかし、その言葉が本当であってほしいと願う気持ちもあった。

「どんなことでも質問してください。もしもなんとかできるなら、どんなことでも話します」

「では、いきなり不躾《ぶしつけ》な質問で申し訳ないのですが、もしかしたらあなたは、誰か身近な人を責めていませんか？」

「えっ？　どういうことですか？」

「話が飛躍し過ぎていますよね。まず理論的なことをじっくり説明してから話せばいいんでしょうけど、それをすると何時間もかかってしまうし、あいにく私もそこまでは時間がないのです。ですので、とりあえず私の仮説をお話ししますね。あなたが大事なお子さんを人から責められて悩んでいらっしゃるのは、あなたが、誰か感謝すべき人に感謝せずに、その人を責めておられるからではないかと思ったのです」

「子どもがいじめられるということと、私の個人的なことが、なぜ関係があるのですか？　何か宗教じみた話にも聞こえますけど……」

「そう思われるのも、無理もないです。私の仮説のベースにある法則は昔から言われてきたことでもあるのですが、学校で教わったりはしないですからね」

「その話をもっと教えてください」

「**『現実に起きる出来事は一つの結果であり、その原因は心の中にある』**という考え方があるんです。**『私たちの人生の現実は、私たちの心を映し出す鏡である』**と考えてもらうといいと思います。日ごろ私たちは、鏡を見ることで、『あっ、髪型が崩れている』とか『今日は私、顔色が悪いな』って気づいたりしますよね。逆に鏡がないと、自分の姿に気づけないですよね。人生を鏡だと考えてください。自分の心の中を映し出す鏡です。人生という鏡のおかげで、私たちは自分の心のありように気づき、自分を変えるきっかけをつかむことができるわけです」

「私の悩みが、私の心を映し出したものだとしたら、私の心の何が映し出されているのでしょうか？」

「単純に〝これだ〟と特定することは難しいのですが、あなたの人生に起きているのは、『自分の大切な子どもが人から責められ、そのことで自分が悩んでいる』ということですよね。これが結果だとしたら、考えられる原因の一つとして、もしかしたらあなたが、大切にする必要がある人を、責めてしまっているのではないかと思ったのです。感謝する必要がある人、それも身近な人をあなたが心の中で責めていて、それが人生という鏡に映し出された結果、あなたは大切な子どもを責められて悩むことになったのではないか。こんな仮説を立ててみたのです。見当はずれだったら申し訳ありません。いかがでしょうか？　たとえば、一番身近なご主人に対してはどうですか？」

「主人には感謝しています。トラックの運転手として働いてくれているおかげで、家族が食べていけているのですから」

「感謝しておられるのですね。ではご主人を尊敬しておられますか？」


「尊敬」という言葉を聞いたときに、ギクッとした。栄子は、日ごろから夫のことを、どこか軽蔑しているところがあったからだ。

栄子から見て、楽観的な性格の夫は、「思慮の浅い人」に見えた。また、「教養のない人」にも見えた。

栄子は四年制の大学を卒業しているが、夫は高卒である。また、それだけではなく、夫は言葉ががさつで、本も週刊誌くらいしか読まない。

読書が趣味の栄子としては、優太に、「夫のようになってほしくない」

という思いがあったのだ。

栄子は、そのことも矢口氏に話した。

「『人間の価値は、教養や知識や思慮深さで決まる』という考えをおもちですか？」

「いえ、けっしてそんなふうには思いません。人それぞれ強みや持ち味があると思います」

「では、なぜご主人に対して、『教養がない』ことを理由に軽蔑してしまうのでしょうね」

「私の中に矛盾がありますね」

「ご主人との関係は、どうなんですか？」

「主人の言動には、よく腹が立ちます。喧嘩《けんか》になることもあります」

「優太君の件で、ご主人とはどうですか？」

「私は優太がいじめられていることについて、いつもグチっぽく主人に言っています。ただ、主人の意見やアドバイスは受け入れられないので、主人にちゃんと相談したことはありません。おそらく、私にとって主人は、一番受け入れられないタイプなんだと思います」

「なるほど。もう一つ根本的な原因があるのかもしれません。だとしたら、ご主人を受け入れるより先に、そっちに取り組む必要があります」

「根本的な原因ですか？」

「はい、あなたがご主人を受け入れることができない根本的な原因を探ってみたいと思います。ちょっとうかがいますが、ご自分のお父様に感謝しておられますか？」

「えっ？　父ですか？　そりゃもちろん感謝していますが……」

「もしかして、お父様に対して『ゆるせない』という思いを、心のどこかにもっていませんか？」

栄子は、この「ゆるせない」という言葉にひっかかった。

たしかに、自分は父をゆるしていないかもしれない。そう思った。

親として育ててくれたことに感謝しているつもりであったが、父のことは好きになれなかった。

結婚して以降も、毎年の盆・正月は、実家に顔を見せに家族で帰っている。しかし、父とは、ほとんどあいさつ程度の会話しかしていない。

思えば、高校生のころから、父とは他人行儀な付き合いしかしてこなかった。

「父をゆるしていないと思います。父をゆるすことはできないです」

「お父様をゆるすことはできないのですね。きっといろいろあったのでしょうね。ところで、お父様に関してやってみていただきたいことがあるのです。やってみますか？」

「父のことや主人のことが、本当に私の悩みと関係あるのですか？」

「今は仮説の段階ですからなんとも言えませんが、その仮説を検証する上で、よかったらやってみていただきたいことがあるのです」

「わかりました。何をやったらいいか教えてください」

「では、今から教えることをまずやってみてください。お父様に対する**『ゆるせない』という気持ちを存分に紙に書きなぐってください。**怒りをぶつけるような文章でもけっこうです。『バカヤロー』とか『コノヤロー』とか『大嫌い！』とか、そんな言葉もＯＫです。うらみ、つらみもすべて言葉にして、容赦なく紙にぶつけてください。具体的な出来事を思い出したら、その出来事も書いて、『そのとき、私はこんな気持ちだったんだ』ってことも書いてみてください。気がすむまでやることです。やり終えたら、また電話をください」

栄子にとって、そのことが、優太の問題の解決に役立つのかどうかは疑問だった。

しかし、それを疑って何もしないよりも、可能性があるならやってみようと思った。栄子は、「今の悩みをなんとかできるなら、どんなことでもしよう」と思っていた。

それに、矢口氏の話には、根拠はわからないが、不思議な説得力を感じた。栄子は電話をきると、レポート用紙を持ってきて、父に対する気持ちを思いつくままに書きはじめた。

自分が子どものころは、何かと口やかましい父だった。夕食が説教の時間になることも多かった。また、子どもたちが自分の思いどおりにならないと、すぐに大声で怒鳴りつける、そんな父だった。

お父さんは私の気持ちなんか全然興味ないんだ、と思うことも少なくなかった。

お酒を飲んだときに、仕事のグチを言うところもイヤだった。

また、建設会社で現場監督をしていた父は、砂や土で汚れた仕事着で帰ってきて、そのまま食事をすることが多かったが、それもイヤだった。

栄子は、父に対しての気持ちを文章にしていった。

気がついたら、父に対して「人でなし！」とか「あんたに親の資格なんかない！」など、かなり過激な言葉もたくさん書いていた。

ある出来事も思い出した。自分が高校生のころ、クラスメイトの男の子と日曜日にデートをしたことがあったが、その男の子と歩いているところを、たまたま父に目撃され、後で問いただされて説教された。

両親には、「女の子の友達と遊ぶ」と嘘《うそ》をついていたのだが、父はその嘘がゆるせないようだった。

そのときの父の言葉は、今も覚えている。

「親に嘘をつくくらい後ろめたい付き合い方をしているのか！　お前は、ろくな女にはならん！」

思い出していると怒りがさらに込み上げてきた。それも文章にした。

「お父さんがそんな性格だから、嘘もつきたくなるんでしょ！　自分に原因があることがわからないの？　それに『ろくな女にならない』って、なんてひどい言葉なの。私がどのくらい傷ついたか知らないんでしょう！　あんたこそ、ろくな親じゃない！　あれから私は、お父さんに心を開かなくなったのよ。自業自得よ！」

やがて悲しさやつらさが栄子の心を占めるようになった。それらの気持ちを書き出している間、涙が止まらなかった。

気がついたら正午を回っていた。書きはじめて2時間近く経っていた。

十数枚のレポート用紙に、父に対する感情を吐き出した。容赦なく書いたせいか、それとも、思いきり泣いたせいか、気持ちがずいぶん軽くなっていた。

栄子は、午後1時を回ったところで、矢口氏に電話をした。

「ご自分の気持ちを書き出しましたか?」

「はい、気持ちを出しきりました。たくさん泣いてスッキリしました」

「なかなか大変だったでしょう。次のステップは、お父様をゆるすための作業です。お父様をゆるすことはできないとおっしゃっていたので、無理にされないほうがいいかもしれませんが、いかがですか?」

「やってみたいです。もしも父のことをゆるせるものなら、ゆるして楽になりたいです」

「では、やってみましょう。お父様をゆるすのは、他でもない、あなた自身の自由のためにゆるすんです。紙を用意してください。そして、上のほうに**『父に感謝できること』**というタイトルを書いてください。さて、お父様に対して感謝できることは、どんなことがありますか？」

「それはまず、働いて養ってくれたことですね。父が働いて稼いでくれたおかげで、家族も食べていけたわけですし、私も育ててもらえたわけですから」

「それを紙に書き留めてください。他にもありますか？」

「そうですね……、私が小学生のころ、よく公園に連れて行って遊んでくれましたね」

「それも書き留めておいてください。他には？」

「それくらいでしょうか」

「では、別の紙を用意して**『父に謝りたいこと』**というタイトルを書いてください。さて、お父様に謝りたいことは、何かありますか？」

「特に浮かびませんが、あえて言えば、心の中で反発しつづけたことでしょうか。ただ、それを心から謝りたいという気持ちにはなれません」

「実感がともなわなくても大丈夫です。とりあえず、今おっしゃったことを書き留めてください」

「書き留めました」

「今からあなたに、ある提案をしようと思っています。普通なら、この段階でそんな提案をすることはあまりないのですが、あなたの場合、それをやってみてもいいと思ったのです。ですが、抵抗を強く感じられるなら無理をせず、他の方法を考えましょう。もしも実行されるとしたら、あなたの人生で、一番勇気を使うことになるかもしれません」

「勇気ですか？　何をすればいいのでしょうか？」

「私の提案は、今からお父様に電話をかけて、**感謝の言葉と謝る言葉を伝える**というものです。実感が湧いてこなかったら、用意した言葉を伝えるだけでもＯＫです。『父に感謝できること』と『父に謝りたいこと』の二枚の紙に書き留めたことを、読んで伝えるだけです。伝えたら、すぐに電話をきってもらってかまいません。やってみますか？」

「うーん……たしかに、今までの人生で使ったことがないくらい、勇気を使わないとできませんね。でも、これが私の悩みの解決に役立つかもしれないなら、それだけの勇気を使う価値はあるんだと思います。だけど、難しいですね……」

「ご自分の気持ちと相談して、もしもできそうでしたらやってみてください。そして実行された場合は、その時点で一度ご連絡ください。それでは私は次の予定がありますので、このあたりで失礼します」

栄子にとって救いなのは、「用意した文章を読むだけでもいい」ということだった。

「謝る」ということについては、気持ちがともなわない。「悪いのは父親のほうだ」という思いがあるから、自分が謝るのは筋違いだと思う。だけど、書き留めた文章を棒読みするくらいならできそうだ。それならば、やってみたほうがいいに決まっていると思えた。

栄子は「電話をかけよう」という気になってきた。そして、電話をかけようとしている自分が不思議だった。

こんなきっかけでもなかったら、栄子が父親と電話で話すということは、一生なかったかもしれない。

結婚して間もないころは、実家に電話をして父が電話に出たときは、すぐさま「私だけど、お母さんにかわって」と言っていた。

しかし今は、「私だけど」と言っただけで、父の「おーい、栄子から電話だぞ」と母を呼ぶ声がする。父も、栄子から自分に用事があるはずがないということをわかっているのだ。

しかし、今日は電話で父と話すのだ。

躊躇《ちゅうちょ》していたらますます電話をかけにくくなると思った栄子は、意をけっして電話をかけた。

電話に出たのは、母だった。

「私だけど」

「あら、栄子じゃない。元気にしてる？」

「うん、まあね。……ねえ、お母さん、お父さんいる？」

「えっ？　お父さん？　あなたお父さんに用なの？」

「う、うん。ちょっとね」

「まあ、それは珍しいことね。ねえ、お父さんに何の用なの？」

「えっ？　えーと、ちょっと変な話なんだけど、説明するとややこしいから、お父さんにかわってくれる？」

「わかった、ちょっと待ってね」

父が出てくるまでの数秒間、栄子の緊張は極度に高まった。

ずっと父のことを嫌ってきた。父に心を開くことを拒んできた。

その父に感謝の言葉を伝えて謝るなんて、普通に考えてできっこない。

しかし、優太のことで悩みぬいた栄子にとって、その悩みが深刻であるがゆえに、普通だったらできそうにない行動を取っているのだった。

もしも、その悩みをなんとかできる可能性があるなら、わらにもすがりたいし、どんなことでもする。

その思いが、栄子を今回の行動に向かわせたのだ。

父が電話に出た。

「な、なんだ？　わしに用事か？」

栄子は、自分では何を言っているかわからないくらい、パニック状態になりながら話しはじめた。

「あっ、あのー、私、今まで言わなかったんだけど、言っといたほうがいいかなーと思って電話したんだけど、……えーと、お父さん、現場の仕事けっこう大変だったと思うのよ。お父さんが頑張って働いてくれて、私も育ててもらったわけだし。あのー、私が子どものころ、公園とかも連れて行ってくれたじゃない。なんていうか、ありがたいっていうか、感謝みたいなこと言ったことないと思うのよ。それで、一度ちゃんと言ておきたいなと思って……。それから私、心の中で、けっこうお父さんに反発してたし、それも謝りたいなと思ったの」

ちゃんと「ありがとう」とは言えなかったし、「ごめんなさい」とも言えなかった。

だけど、言うべきことは一応伝えた。

父の言葉を聞いたら、早く電話をきろう。そう思った。

しかし、父から言葉が返ってこない。

何か一言でも言ってくれないと電話がきれないじゃない、と思ったときに、受話器から聞こえてきたのは、母の声だった。

「栄子！　あなた、お父さんに何を言ったの？」

「えっ？」

「何かひどいこと言ったんでしょ！　お父さん、泣き崩れているじゃないの！」

受話器から、父が嗚咽《おえつ》する声が聞こえてきた。

栄子はショックで呆然《ぼうぜん》とした。

生まれて以来、父が泣く声を一度も聞いたことはなかった。

父はそんな強い存在だった。その父のむせび泣く声が聞こえてくる。

自分が形ばかりの感謝を伝えたことで、あの強かった父が嗚咽しているのだ。

父が泣く声を聞いていて、栄子の目からも涙があふれてきた。

父は私のことをもっともっと愛したかったんだ。親子らしい会話もたくさんしたかったに違いない。

だけど、私はずっと、父の愛を拒否してきた。

父は寂しかったんだ。

仕事でどんなにつらいことがあっても耐えていた強い父が、今、泣き崩れている。

娘に愛が伝わらなかったことが、そんなにもつらいことだったんだ。

栄子の涙も嗚咽へと変わっていった。

しばらくして、また母の声。

「栄子！　もう落ち着いた？　説明してくれる？」

「お母さん、もう一度お父さんにかわってほしいの」

父が電話に出た。涙で声が震えているようだ。

「栄子、すまなかった。わしは、いい父親じゃなかった。お前にはずいぶんイヤな思いをさせた。ううっ……」

再び嗚咽が聞こえてきた。

「お父さん。ごめんなさい。私こそ悪い娘でごめんなさい。そして、私を育ててくれてありがとう。うっ、うっ……」

栄子の声も嗚咽によってかき消された。

少し間を置いて、再び母の声。

「何が起きたの？　また、落ち着いたら説明してね。いったん、電話きるよ」

栄子は、電話をきってからも、しばらく呆然としていた。

20年以上もの間、父を嫌ってきた。ずっと父をゆるせなかった。自分だけが被害者だと思っていた。

自分は父の一面だけにとらわれて、別の面に目を向けようとはしなかった。父の愛、父の弱さ、父の不器用さ、これらが見えていなかった。父はどれだけつらい思いをしてきたんだろう。自分は父に、どれだけつらい思いをさせてきたんだろう。

いろいろな思いがかけ巡った。

父に対する感謝の気持ちも湧いてきた。

勇気を出して電話してよかったとしみじみ思った。

「あと1時間くらいで、優太が帰ってくるな」

そう思ったときに、電話が鳴った。

電話に出てみると、矢口氏であった。

「どーも、矢口です。少し時間ができたので電話しました。さっきは、次の予定が入っていたので、お話の途中で電話をきったような気がしまして」

「じつは私、父に電話したんです。電話して本当によかったです。ありがとうございました」

栄子は、父とどんな話をしたかを簡単に説明した。

「そうでしたか。勇気をもって行動されて、よかったですね」

「私にとって、優太がいじめられていることが、最大の問題だと思っていましたが、長年父をゆるしていなかったことのほうが、よほど大きな問題だったという気がします。優太の問題のおかげで父をゆるすことができたんだと思うと、優太の問題があってよかったのかなという気すらします」

「優太君についてのお悩みを、そこまで前向きに捉えることができるようになったのですね。

『必然の法則』というのがありましてね、それを学ぶと次のようなことがわかるんです。じつは、**人生で起きるどんな問題も、何か大切なことを気づかせてくれるために起きる**んです。つまり偶然起きるのではなくて、起こるべくして必然的に起こるんです。ということは、**自分に解決できない問題はけっして起きない**のです。起きる問題は、すべて自分が解決できるから起きるのであり、前向きに取り組みさえすれば、後で必ず『あの問題が起きてよかった。そのおかげで……』と言えるような恩恵をもたらすのです」

「そうなんですね。ただ、優太の問題自体は何も解決していないので、それを思うと不安になります」

「そうですよね。今の時点では、あなたの母親としての悩みは未解決ですよね。ですがもしかしたら、今回お父様をゆるせたことで、あなたの悩みは、水面下で何らかの変化をしはじめているかもしれませんよ。心の世界はつながっていますからね」

「心の世界がつながっている……、あまりピンときませんが」

「それもそうですよね。私の言っていることは、ある意味で突拍子もないことですからね。さて、ここで少し整理してみましょうか。あなたにとって、優太君のことで一番つらいのは、優太君が心を開いてくれないことでしたね。親として、何もしてやれないことが、情けなくてつらいとおっしゃいましたね。そのつらさをこれ以上味わいたくないと」

「はい、そうです。いじめられていることを相談もしてくれない。私は力になりたいのに、『ほっといて！』って拒否されてしまう。無力感を覚えます。子どもの寂しさがわかるだけに、親として、何もしてやれないほどつらいことはありません」

「本当につらいことでしょうね。ところで、そのつらさは、誰が味わっていたつらさなのか、もうおわかりですよね」

「えっ？　誰がって……」

そのとき、栄子の脳裏に父の顔が浮かんだ。そうか！　この耐えがたいつらさは、長年父が味わいつづけたつらさなんだ。

娘が心を開いてくれないつらさ。娘から拒否されるつらさ。親として何もしてやれないつらさ……。

私のつらさといっしょだ。このつらさを、父は20年以上も味わいつづけたのか。

栄子のほほを涙が伝った。

「今わかりました。私は、私の父と同じつらさを味わっていたんですね。父はこんなにつらかったんですね。父が嗚咽したのもわかります」

「人生で起きる問題は、私たちに大事なことを気づかせるべく起きるんです」

「あらためて父のつらさがわかりました。優太が私に心を開いてくれなかったおかげで、わかることができたんだと思います」

「息子さんもお父様もあなたも、心の底ではつながっています。お父様に対するあなたのスタンスを、あなたに対して優太君が演じてくれていたのではないでしょうか。そしてそのおかげで、あなたは気づくことができた」

「優太にも感謝したいです。『大事なことに気づかせてくれて、ありがう』って気持ちです。今まで、『どうしてお母さんに話してくれないの？』って、心の中で優太を責めていました」

「今なら、優太君の気持ちも理解できますか？」

「そうか！　私が子どものころ、口うるさい父がイヤでした。いろいろ口出ししてきたりするのがイヤでした。今考えてみれば、それも父の愛情からだったんでしょうけど、当時は負担でした。優太も同じ思いなんだと思います。私の押しつけがましい愛情が負担なんだと思います」

「あなたは子どものころ、本当はお父様に、どんな親でいてほしかったんでしょうね？」

「私を信頼してほしかった。『栄子なら大丈夫！』って信頼してほしかったです。きっと優太もそうしてほしいんですね。私、優太を信頼していなかったと思います。私が手助けしないとこの子は問題を解決できない、そう思っていました。それで、あれこれ問いただしたり、説教したり……。もっと優太を信頼してあげたいです」


「あなたは、お父様のつらさも理解され、優太君のつらさも理解されましたね。では次に、ご主人とのことに移りましょう。朝お電話をいただいたときに、『あなたの大切な優太君が人から責められ、そのことであなたが悩んでいるということは、あなたが身近な誰かを責めてしまっていることに関係があるのではないか』とお話ししたのを覚えていますか?」

「はい覚えています。私は、主人を尊敬できないという話をしました」

「ではもう一度、ご主人に対してどんなふうに感じておられるか、話してもらえますか?」

「どうしても、主人に対して、『教養のない人』とか『思慮の浅い人』というふうに見てしまうんです。優太のことにしても、私がこれだけ悩んでるのに、根拠なく楽観的なんです。それで主人に対しては、グチこそぶつけますが、ちゃんと相談したりすることはありません。主人の意見は受けつけられないんです」

ここまで話しながら栄子は、自分の夫に対するスタンスが、父親に対して取ってきたスタンスに似ていることに気がついた。

「私が父に対して取ってきたスタンスと似てますね」

「女性の場合、父親に対して取ってきたスタンスが、夫に対してのスタンスに投影されることが多いんです。ところで、お聞きしていると、ご主人は優太君のことを信頼されているようですね」

「あっ、そうですね！　そうか、主人のそういうところを見習うべきだったんですね。優太は主人に対しては、けっこう本音を言っているみたいなんです。優太は信頼されてると思うから、主人には心を開くんですね。私は、主人のよいところをまったく見ていませんでした」

「なるほど、そんなことを感じられたんですね。さて、では宿題を差し上げます。やるかどうかはご自分で決めてくださいね。今日の午後、『父に感謝できること』と『父に謝りたいこと』という2種類の紙をつくってもらいましたよね。その紙に、さらに、お父様に感謝できることと謝りたいことを、書き足せるだけ書き足してください。紙は何枚使ってもけっこうです。

それが終わったら、もう一枚紙を用意してください。その紙のタイトルは、**『父に対して、どのような考え方で接したらよかったのか？』**です。これは過去のお父様との関係を後悔するために書くのではありません。これからのご主人への接し方のヒントが見つかるはずです。

そしてもう一つ、優太君が夜眠ったら、優太君の寝顔を見ながら、心の中で優太君に『**ありがとう**』**と何度もささやきかけてください。**どうですか、やってみますか？」

「はい、必ずやってみます」


電話をきって間もなく、優太が帰ってきた。

優太はランドセルを玄関に投げると、いつものようにグローブとボールを持って、公園に行った。

昨日友達に追い出されたというのに、この子はまた公園に行くのだろうか、と栄子の心は心配でいっぱいになった。

しかし、栄子は、その心配な気持ちをまぎらわすように宿題に取りかかった。

父に対して感謝できることがたくさん思い浮かんだ。

「父に感謝できること」

・現場監督のきつい仕事を続けて、家族を養ってくれた。
・私が子どものころ、夜中に高熱を出したことが何度かあったが、その都度、車で救急病院まで連れて行ってくれた（肉体労働をしていた父にとって、夜中はしんどかったはず）。
・私が子どものころ、よく海や川に連れて行ってくれて、泳ぎを教えてくれた。
・子どものころ私はメロンが好きだったが、毎年の私の誕生日には、メロンを買って帰ってきてくれた。

・子どものころ近所のいじめっ子にいじめられていたことがあったが、その子の家に抗議しに行ってくれた。
・私は私立大学に入ったが、文句を言わず学費を出してくれた（当時のわが家にとって、大きな負担だったはず）。
・私の就職先が決まったときに、寿司を出前で取ってくれた（とても豪華な寿司だった。そのとき私は「寿司は好きじゃない」と言って食べなかった。父はしょんぼりしていた）。
・「自分にもしものことがあったときのために」と、私たち兄弟ひとりずつの口座をつくり、月々わずかの金額であるが、貯金をしてくれていた（そのお金を父は、結婚式の前日に私に渡そうとしたが、私は「持ち歩けないので、振り込んでもらうほうがいい」と言って、その場では受け取らなかった）。

「感謝したいこと」に連鎖して「謝りたいこと」も浮かんできた。

それらを書き出しながら、涙が浮かんできた。

「私は、こんなにも愛されていた。反発する私を、愛しつづけてくれていたんだ。私は、ゆるせないという思いにとらわれていたから、その愛に気づかなかったんだ。そして、こんなにも愛してもらいながら、私は父に何もしてあげてない。親孝行らしいこともほとんどしていない」

自分が父親の仕事を尊敬していなかったことにも気づいた。

父親の現場監督の仕事に対して、「品がない」とか「知的でない」とか思っていた。父親が仕事を頑張りつづけてくれたおかげで、自分は大学まで行かせてもらえたというのに。そのことに初めて気づいた。父親の仕事に対して、尊敬心と感謝を感じた。

そして今、自分は夫の仕事に対して、「知的でない」というイメージをもっている。夫に対する「教養がない」という嫌悪感をともなうイメージは、父に対してもっていたイメージとそっくりである。父への見方が変わって、父に感謝することができたのだから、夫に対しても感謝できることがたくさんあるのではないだろうか。

そんなことを考えながら、続いて、「父に対して、どのような考え方で接したらよかったのか?」というタイトルの紙を用意した。
これについては、すぐに文章が浮かんできた。

「父に対して、どのような考え方で接したらよかったのか?」

・自分が不完全な人間であるように、父も不完全で不器用な人間であることを理解すること。
・父の言動の奥にある愛情に気づくこと。
・してもらっていることに感謝すること。
・感謝の気持ちを言葉にして伝えること。
・そしてその上で、イヤなことはイヤだと伝えて、たがいにとって居心地のいい関係を築くこと。

これはまさに、これから夫に対してするべき考え方だと思った。
働いてくれている夫。
自分の人生のパートナーでいつづけてくれている夫。
自分は夫に対して感謝することを忘れていた。

夫に対して、こんなに素直な考え方ができるのは初めてかもしれない。

これは父に感謝できたことと関係があるのかもしれない。

今日は夫に感謝の言葉を伝えよう。


そんなことを考えているうちに、外が薄暗くなりかけていることに栄子は気づいた。思えば、今日は家事らしきことをほとんどしていない。朝の9時ごろ矢口氏に電話してから、一日中自分と向き合っていた。

「晩ご飯の用意、どうしよう?」

そう思ったときに、優太が帰ってきた。

「ねえ、お母さん聞いてよ!」

「どうしたの?　何かいいことあったの?」

「大樹君知ってるでしょ。じつは昨日、大樹君に公園でボールをぶつけられたんだ」

「そっ、そうなの？　大樹君って、あなたを一番いじめる子だよね」

「さっき公園から帰ろうとしたら大樹君が公園に来てさー。で、『いつもいじめててごめんな』って言ってくれたんだ」

「そうだったの！」と言いながら、まるで奇跡でも体験しているような気持ちになった。このことは、自分が父親と心で和解できたことに関係あるに違いない。そんな気がしてきた。

栄子は、夕食の準備をするより、優太と話そうと思い、出前を取ることにした。

出前が届くまでの間、栄子は優太に次のようなことを伝えた。

「今まで、あなたのことに口出しをし過ぎてごめんね。これからは、なるべく口やかましくしないように気をつけるからね。そして、お母さんの助けが必要なときは、いつでも遠慮なく相談してね。あなたのことを信頼してるからね」

優太は本当にうれしそうな顔をして、「わかった、ありがとう」と答えた。

やはり優太は、母親に信頼してもらいたかったのだ。

「今日は、なんか変だなー。いいことが続くなー」と優太が言った。栄子も幸せな気持ちになった。

間もなく出前が届いた。

「お母さんは、お父さんが帰ってくるのを待つから、先に食べてね」

「えっ？　どうしたの？　いつもは先に食べるのに」

「今日は、お父さんといっしょに食べたい気分なのよ。お父さん、お仕事頑張ってくれて、疲れて帰ってくるからね。ひとりで冷めた親子丼食べるの、寂しいでしょ」

「じゃー、僕もお父さんといっしょに食べる！　３人で食べるほうが楽しいでしょ」

「本当にあなたは優しい子ね。お父さんに似たのね」

「なんか変だなー。いつもお父さんのことを、『デリカシーがない』とか言ってるのに」

「そうよね。お母さんが間違ってたのよ。お父さんは、優しくて男らしくてたくましくて、男の中の男よ」

「勉強しないと、お父さんのような仕事くらいしかできなくなっちゃうんでしょ？」

「ごめんね、それもお母さんが間違ってたのよ。お父さんの仕事は、お客さんのところに大切な荷物を届ける立派な仕事よ。それに、お父さんが働いてくれてるおかげで、こうやってご飯食べたりできるんだからね。お父さんの仕事に感謝しようね」

「お母さん、本当にそう思う？」

「うん、思うよ」

栄子がそう言ったときの優太の笑顔は、その日で一番うれしそうな笑顔だった。

子どもは本来、親を尊敬し、親をモデルにして成長する。

栄子の言葉は、優太に対して、「お父さんを尊敬してもいいよ」という許可を与えたことになる。優太はそのことが何よりもうれしかったのだ。

しばらくして夫が帰ってきて、3人で冷めた親子丼を食べた。

自分の帰りを待っていてくれたことがうれしかったのか、夫も上機嫌だった。冷めてしまった親子丼を「うまい、うまい」と言いながら食べていた。

夫が風呂に入っている間に、優太が眠りについた。

栄子は優太の寝顔を見ながら、心の中で「ありがとう」と唱えはじめた。この言葉の影響なのか、心の底から感謝の気持ちが湧いてきた。

「この子のせいで私は悩まされていると思ってきたけど、この子のおかげで大切なことに気づけた。本当は、この子に導かれたのかもしれない」

そう思っていると、優太が天使のように見えた。

いつの間にか、涙があふれてきた。本当に今日は、よく泣く日だ。

間もなく電話が鳴った。出てみるとＦＡＸだった。母の字で次のように書いてあった。

栄子へ
今日のことお父さんから聞きました。

お父さん、話しながら泣いていました。

お母さんもうれしくて涙が出ました。

お父さんは、「70年間生きてきて、今日が一番うれしい日だ」と言っています。

晩ご飯のときに、いつもお酒を飲むお父さんが、「酒に酔ってしまって、このうれしい気持ちを味わえんかったらもったいない」と言って、今日はお酒を飲みませんでした。

次は、いつ帰ってきますか。

楽しみにしています。

母より

晩酌を欠かしたことのない父が、お酒を飲まなかったなんて……。

自分が伝えた言葉が、父の心をどんなにか幸せな気持ちで満たしたのであろう。そして、今まで父が、体の調子がよくないときもお酒をやめられなかったのは、寂しさゆえだったのだろう。

栄子の目からは、再び涙があふれていた。

「どうした？　泣いてるのか？」。風呂から出てきた夫が聞いてきた。

栄子は、その日起きたことをすべて話した。

朝、矢口氏に電話をかけたこと。午前中は、父へのうらみ・つらみを紙に書きなぐったこと。午後、父に電話して和解したこと……。

「そうか、お父さんも泣いてはったか」。夫も、目に涙を浮かべながら聞いてくれた。

そして、優太がいじめっ子から謝られたことを話した。

「ふーん、不思議なこともあるもんやな。矢口さんのやり方は、俺にはよくわからんけど、お前も楽になったみたいでよかったな」

続けて栄子は、泣きながら夫に謝った。

「いつもありがとう。あなたには本当に感謝しています。今日、あらためて、あなたのことを尊敬しました。今まで、あなたの素晴らしさに気づかなくてごめんなさい」

栄子の言葉を聞く夫の目からも、大粒の涙が流れた。


次の日、栄子は矢口氏に報告して、心からのお礼を伝えた。

朝一番で夫も電話を入れていたようだ。

「ご主人からも電話をもらいました。お役に立てて何よりです。あなたの勇気と行動力を尊敬します。さて、これからが大切です。できれば毎日、お父様とご主人と優太君に対して、心の中で『ありがとう』という言葉を唱える時間をもってみてください。きっと、ますますいい関係が築けると思いますよ」

その日の夕方のことである。

「ただいま！」。元気な声で優太が帰ってきた。

「お母さん、聞いて！　今日ね、友達から野球に誘われたんだ！　今から行ってくるから！」

優太はグローブを持って飛び出して行った。

栄子の目には、またもや涙がにじんでいた。声が詰まって、「行ってらっしゃい」の一言が言えなかった。

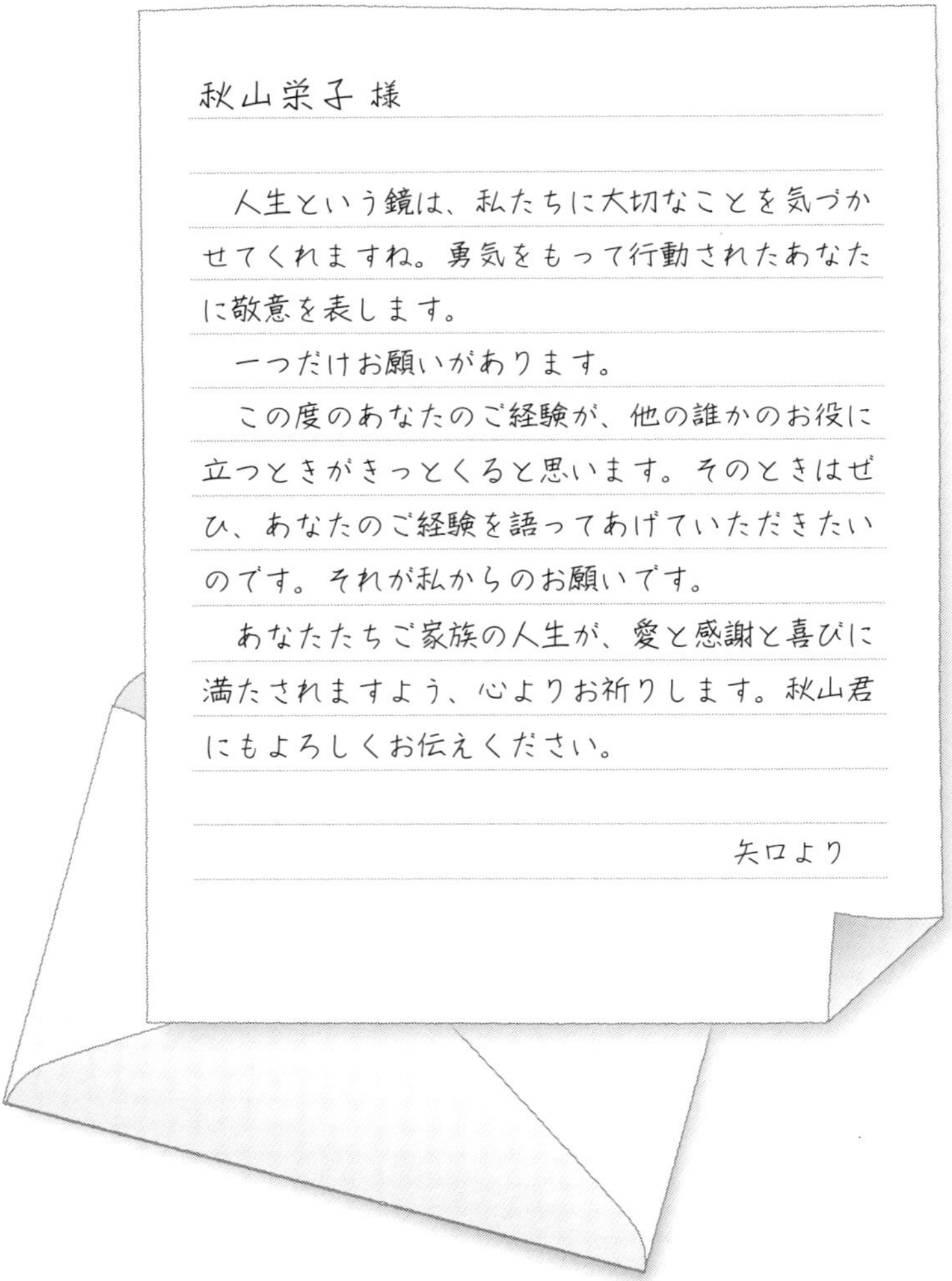

秋山栄子 様

人生という鏡は、私たちに大切なことを気づかせてくれますね。勇気をもって行動されたあなたに敬意を表します。

一つだけお願いがあります。

この度のあなたのご経験が、他の誰かのお役に立つときがきっとくると思います。そのときはぜひ、あなたのご経験を語ってあげていただきたいのです。それが私からのお願いです。

あなたたちご家族の人生が、愛と感謝と喜びに満たされますよう、心よりお祈りします。秋山君にもよろしくお伝えください。

矢口より

あなたの人生に幸せをもたらすための解説とあとがき

感動だけで終わらないために

この物語は、登場人物の名前や職業などを変え、ストーリーにも手を加えていますが、実話にもとづいています。

2005年に私のブログで紹介したところ、大変反響があり、多くの読者からメールが続々と届きました。

「自分が親から愛されていたことに気づきました」

「心の底から感謝の気持ちに満たされました」

「長年ゆるせなかった人をゆるす勇気をもてました」

など、感動的なメッセージがたくさん寄せられたのです。

また、この話を小冊子にして、私が講師を務める企業研修（EQ向上研修）の中で配ったこともありました。そのとき、参加者の皆さんには研修初日の夜に宿題として読んでいただき、翌日感想をお聞きしました。

すると**参加者の約9割もの方が、この小冊子を読んで「泣いた」もしくは「涙がにじんだ」と答えられた**のです。この話には私たちの心の奥深くに訴えかけてくるものがある、と私は確信しました。

そして、2006年に解説編を加えて出版したのですが、これがテレビ番組をはじめとしてマスコミで数多く取り上げられ、また、インターネットでも話題になって、ついには**100万部を突破**するに至りました。

正直なところ、こんなにたくさんの方に読んでいただけるとは、予想もしていませんでした。

こうして、この話が広まっていくのにともなって、読者からご質問のメールをいただくことが増えました。その中でも特に多いのは、親との関係についてのものです。

「親に感謝したいという気持ちはあるのですが、口やかましい親と話していると、そんな気持ちもどこかに行ってしまいます。どうすれば親に心から感謝できますか？」

「私の親は私のプライベートなことにまで干渉してきて、私をコントロールしようとします。こんな親にも感謝し、仲よくしたほうがいいのでしょうか？」

「私は子どものころから、親の無神経な言動に傷ついてきました。私を傷つけてきた親をどうしてもゆるす気になれません。それでもゆるすべきなのでしょうか？」

など、親との関係をどうやって変えていけばいいのか、そのやり方がわからないといったケースや、親とどんな距離感でどんな関係を築いていけばいいのか、その方針が定まらないといったケースが、いただいたご質問の中に多く見られます。

つまり、この物語を読んで感動したものの、実際に自分の親との関係に向き合ったときに、どのように対処していけばよいかわからない、という方がたくさんおられるわけです。

そこでこの度、読者の皆さんが親との関係を見つめ直していく上での指針を得られるよう、解説編に大幅な加筆をして、『完全版 鏡の法則』として新たに出版することにした次第です。

人生は自分の心を映し出す鏡

ではこれより、この物語の解説をします。最初に、本書のタイトルにもなっている「鏡の法則」という法則についてお話ししましょう。

物語の中で主人公の栄子に矢口氏が、**「私たちの人生の現実は、私たちの心を映し出す鏡である」**という法則を教えますね。これが「鏡の法則」です。

この法則が示すとおり、私たちの人生における現実は、まるで鏡のように、私たちの心を映し出しているのです。

たとえば、心の中で不満ばかり抱いていると、その心を映し出すように、ますます不満を言いたくなるような人生になってきます。

逆に、心の中で感謝することが多いと、その心を映し出すように、さらに感謝したくなるような出来事が起きてきて、感謝にあふれた人生になってくるのです。

また、心の中で誰かを強く責めつづけて生きていると、自分もまた責められる経験を繰り返すことになりますし、他の人の幸せを喜ぶような気持ちで生きていると、自分もまた幸せな出来事に恵まれます。

このように人生においては、**自分の心の波長に合った出来事が起きてくる**わけです。そういう意味で、人生は自分の心を映し出す鏡なのです。

この法則は、仏教の因果応報という考え方をはじめ、世界の伝統的な宗教や東洋哲学の教えの中にも見られます。

そして、人生において困難な問題に直面したときに、この法則の観点から考えることで、その問題に対処するためのヒントを得られることがしばしばあるのです。

つまり私たちは、**自らの人生に起きていることを見ることによって、自分の心のありようを推察することができ、それによって、自らを変えるためのヒントを探っていける**わけです。

この法則を知っていた矢口氏は、栄子に起きていた出来事、つまり、「大切な息子が友達から責められ、親として悩んでいる」という出来事を見て、「栄子が心の中で誰かを責めているのではないか」と推察しました。そしてその推察が、栄子にとって大きなヒントになったわけです。

私はコーチングやカウンセリングの仕事を通して、これまでたくさんのクライアントの問題解決、目標達成、自己実現をサポートしてきましたが、その経験の中で、この法則の観点の有効性を確かめてきました。

クライアントが、この法則の観点から自らの人生を眺め、自分自身を見つめ直してみることで、深い気づきを得たり、自らのあり方を変えるきっかけを見出《みいだ》したりされたケースを、たくさん見てきたのです。

困難な問題が教えてくれるメッセージ

この法則の観点で考えるなら、私たちは、人生において困難な問題に直面したとき、その問題をメッセンジャーとして捉えることができます。

「自分の心の中を見つめ直す必要がある」ということを教えてくれるメッセンジャーです。

ここで一つ、誤解のないように確認しておきたいと思いますが、「心の中を見つめ直す必要がある」という言葉は、けっして「外に働きかける必要はない」とか「具体的・現実的な行動を起こす必要はない」といった極論を意味しているわけではありません。

日常生活におけるさまざまな問題は、外に働きかけることによって解決することも多いですよね。逆に、外に働きかけることをまったくせず、自分の心の中を探ってばかりいたら、事態は何も変わらないでしょう。

たとえば、誰かの言動のせいで自分が嫌な思いをしているのであれば、そのことを相手に伝えてやめてもらうか、もしくは相手と距離を取るなどして自分を守る必要があります。何よりも、具体的・現実的な行動によって問題の解決を図ることが大切です。

しかし、できることをすべてやっているにもかかわらず、問題解決の糸口が見えないようなケースもあります。このようなとき、「自分の心を見つめ直す必要がある」ということを教えてくれるメッセンジャーとしてその問題を捉え、自分自身の心のあり方を見つめ直すことによって、その問題を解きほぐすヒントを見出せることがあるのです。

なお、自分自身を見つめ直すに当たって、「自分の心の中に原因がある」という考え方にとらわれ過ぎてしまうと、原因探しにはまってしまいかねないので、気をつけてください。

たとえばあなたが、何かの問題に直面していて、自分の心を見つめ直してみたときに、その問題の原因らしきものが心の中に見つからなかったとしましょう。そこで「なんとしても原因を見つけなければ」ということにとらわれてしまうと、原因探しの迷路に迷い込んでしまいます。

もちろん、原因らしきものに思い当たった場合は、それをヒントにして、心のあり方を変えることにトライされるといいと思います。しかし、なかなか原因が見つからないときは、**意識を切りかえて、今できる行動に焦点を当て直したほうが建設的です。**

それから、この法則の観点で他の人にアドバイスすることは、あまりおすすめできません。

悩んでいる人に向かって、「あなたの心の中に原因があるかもしれません」などと言うと、多くの場合その人は傷ついてしまいます。自分が責められたように感じてしまうからです。

悩み苦しんでいるとき、人は、原因を指摘されるよりも、苦しさをわかってほしいし、共感してほしいものです。この物語の中でも、矢口氏は、まず栄子の話を最後までしっかり聴いた上で、「こんなにつらいことはないですよね」と共感しています。このように**話に耳を傾け、共感してあげることこそが、最大のサポートになる**ことが多いのです。

ただ、矢口氏の場合は、共感を示した後で、「もしかしたら、あなたの心の中に原因があるかもしれません」という話をしていますね。これは、矢口氏が問題解決の専門家という立場であった上に、なおかつ栄子が、わらにもすがるような思いで、「教えてください」というスタンスになっていたからできたことです。

また、矢口氏と栄子が親しい関係ではなかったからできたことでもあります。もしも悩んでいる人が、身近な親しい人から、「あなたに原因があるのでは」などと言われたなら、その悩んでいる人は深く傷つき、精神的に追い込まれてしまう可能性もあります。

どうしてもこの法則の観点を伝えたい場合は、参考になりそうな本を用意しておき、しっかり話を聴いて共感してあげた後で、「こんな本もあるよ。参考になるかどうかわからないけど」と言って貸してあげるのがいいと思います。本を通して間接的に伝えるわけです。

ゆるすとはどうすることなのか？

次に「ゆるし」について考えてみましょう。

「ゆるせない」というのは、過去の出来事に執着して、誰かを責めている心の状態ですね。

栄子の場合、過去の父親の言動をずっと心で責めていたわけです。日ごろは、父親のことを考えることもなかったのですが、心の底、つまり無意識の次元では、父親を責めつづけていたのです。

このように、「ゆるせない！」と誰かを責めているとき、私たちはやすらぎを感じることができません。体には余計な力が入り、心は波立ちます。また、この状態は私たちにとってストレスにもなります。

一方、**「ゆるす」という選択をしたとき、私たちは過去の呪縛から解**

放され、やすらぎと精神的な自由を手に入れることができます。また、ゆるすことで、私たちの体も心もゆるみ、リラックスできます。

ここで、「ゆるす」という言葉を定義しておきましょう。

「ゆるす」というのは、相手の行為をよしとすることでもなければ、大目に見ることでもありません。また、「相手が悪い」と思いながら、我慢することでもありません。

「ゆるす」とは、**過去の出来事へのとらわれを手放し、相手を責めることをやめ、今この瞬間のやすらぎを選択すること**です。これが、本書における「ゆるす」という言葉の意味です。

この「ゆるし」によって私たちは、過去の出来事に縛られた状態から自分自身を解放し、本当の意味で〝今〟を生きることができるようになるのです。

ゆるす前にやるべきこと

あなたが誰かのことをゆるそうとするときに、ゆるす前にやっていただきたいことが二つあります。

一つ目は、相手の言動によってあなたが振り回されたり傷ついたりする状況が、今も続いている場合の話なのですが、もしもそのような状況が続いているならば、まずは**現実的な対策を講じて、あなた自身をしっかり守っていただきたい**のです。

たとえばあなたが、職場の上司から現在パワハラを受けているのであれば、その上司のことをゆるそうとする前に、被害をこれ以上受けないようにすることが先決です。

その上司にパワハラをやめるよう訴えても聞き入れてもらえないよう

であれば、その上司よりもさらに上の上司や人事部門に相談するとか、必要に応じて外部の相談機関に相談するとか、場合によっては退職するとか、そういった対策を講じて、あなたがその上司からこれ以上パワハラを受けないようにすることです。

相手から振り回されたり傷つけられたりしている状況を改善しないまで、相手のことをゆるそうとするのは、無理があります。ゆるす前に、まず**相手と自分の間に適切な〝境界線〟を引き、相手から振り回されたり傷つけられたりしない状況をつくることが大切**なのです。

ゆるす前にやっていただきたいことの二つ目は、**感情を吐き出すこと**です。相手に対する怒りやうらみ、あるいは、相手との関係の中で自分の中に生じた悲しみや苦しみなどを、外に吐き出す必要があります。

もしもそれらの感情を吐き出さないまま、無理に相手のことをゆるそうとするなら、それらの感情は心の奥に押し込められて、私たちの日々の心理状態に影響を及ぼしてくる可能性があります。

たとえば、**誰かに対する怒りの感情を心の底に押し込めると、その怒りのエネルギーが自分に向かうようになり、自責の念や自己嫌悪に悩まされるようになってしまいがちです。**

ですから、感情を外に吐き出す必要があるのです。吐き出すといっても、直接相手にぶつけるわけではありません。そんなことをしたらトラブルになってしまいますね。

物語の中で栄子がやったように、紙に書き出す形で吐き出すとよいのです。そして、その紙は相手に見せたりしません。相手に見せないことを前提に、相手に対する怒りやうらみを、容赦なく徹底的に書き出すのがポイントです。**紙に怒りやうらみの感情をぶつけるような気持ちで書きなぐるのです。**

栄子の場合、「人でなし！」とか「あんたに親の資格なんかない！」などの言葉とともに、父親に対する怒りを吐き出すところから始めました。そしてやがて、自らのつらさや悲しみを思い出し、それらも言葉にして外に出すことができましたね。

このように、最初は、怒りやうらみなどの攻撃的な感情から吐き出すことをおすすめします。怒りやうらみの感情を存分に吐き出すことができると、その背後にあったつらさや悲しみにしっかりアクセスすることができ、それらの感情も十分に吐き出すことができるからです。

ですが、もしも紙に書き出す作業を進めるのが苦しいときは、無理をしないでください。そのような場合は、プロのパーソナルコーチや心理カウンセラーなど、専門家のサポートを受けながら取り組むか、もしくは、「今はまだ心の準備ができていないのだ」と考えて、もっと抵抗なく取り組める時機が来るのを待つことをおすすめします。

親との間に境界線を引けない人たち

以上、ゆるす前にやっていただきたい二つのことをお伝えしましたが、特に親との関係に取り組む場合、この二つのことを簡単にはクリアできない場合があります。

まず一つ目の、「相手（親）と自分の間に適切な境界線を引き、相手（親）から振り回されたり傷つけられたりしない状況をつくる」ということについてですが、これまで親との間にしっかりした境界線を引いてこなかった人の場合、これに取り組むことは簡単ではありません。

実際のところ、親からの心配や干渉に対して十分な境界線を引くことができず、親に振り回されているという人は、成人の中にもかなりいらっしゃいます。

特に過保護な親や過干渉な親に育てられた人の場合、親との間の境界線が極めて脆弱《ぜいじゃく》になってしまっているため、親の言動に大きく左右されてしまうケースが多いのです。読者からのご質問やご相談のメールにも、こういったケースが非常に多く見られます。

この問題について丁寧に見ていくために、まず、過保護な親について考えてみたいと思います。過保護な親というのは、文字どおり子どもを守り過ぎてしまう親のことです。

近年は、ヘリコプターペアレントと呼ばれることもありますね。上空を旋回するヘリコプターのように、常に子どもの行動に目を行き届かせていて、子どもに何かあるとすぐに急降下して介入しようとする、そんな過保護な親のことをヘリコプターペアレントと呼びます。

もちろん、状況によっては、親が介入して子どもを助けたほうがいい場合もありますが、過保護な親は、本来なら見守るだけでいいようなケースでも、介入してしまいます。

たとえば、小学生の子どもが、友達と気まずい関係になって落ち込んでいるとき、親がその状況を打開しようとして、子どもからアドバイスを求められているわけでもないのに、子どもにあれこれとアドバイスをするケースがあります。中には、子どもの友達の親と連絡を取って、子どもどうしを仲直りさせるよう働きかける親もいます。

このような親のもとでは、子どもは、**友達との関係で葛藤を抱えて悩んだり、自分で解決方法を考えたりする機会を失ってしまいます。失敗や挫折も経験できません。**

人は悩みや失敗や挫折を通して成長し、自立能力を培っていくのですが、過保護な親のもとで育つ子どもは、その機会を奪われてしまうので、なかなか心理的に自立できないのです。

過保護な親の中には、子どもががっかりする姿を見たくないあまり、子どもが欲しがるものを何でも買い与えたり、子どもの要求には何でも応えようとしたりする親もいます。この場合、**子どもはがっかりする体験を十分にはできないので、自分の欲求をコントロールする力を培うことができません。**

また、過保護な親を指してカーリングペアレントと呼ぶこともありますね。カーリングという氷上のスポーツにおいて、選手たちは石（ストーン）をスムーズに滑らせようと、必死になってブラシで氷の表面を掃き、石を誘導します。このように、子どもの行く先々の障害物を、先回りして取り除こうとする親をカーリングペアレントと呼ぶのです。

たとえば、小学校高学年の子どもをもつ親が、子どもの学校の日課を完全に把握していて、子どもが朝出かける前に、「今日の4時間目は、音楽の授業だったのが、体育の授業に変わったんでしょ。体操服は持ったの？」などと確認したり、「今日の降水確率は60パーセントよ。傘を持って行きなさい」などと言ったりする場合もあります。

子どもが自分で考えてできるはずのことを、親が代わりにやってしまうのです。子どもからすると、失敗を経験させてもらえないわけです。

こんなふうに過保護な親は、子どもが傷つかないように、子どもが嫌な思いをしないように、子どもが失敗しないように、先回りして手を打っていきます。

その結果、子どもは成長する機会を奪われ、心理的に自立することができなくなります。自立できないということは、親離れできないということであり、親との間に境界線を引けないということでもあります。

そして、**親との間に境界線を引けないまま大人になると、他者との間に境界線を引くことも難しくなるので、他者の言動に振り回されたり、**

他者の言動に傷つきやすくなったりしてしまうのです。

子どもをコントロールしようとする親

続いて過干渉な親について考えてみましょう。過干渉な親とは、子どもに対して「あれをしなさい、これをしなさい」とか、「それはやめておきなさい」といった干渉を過剰にする親のこと、つまり、子どもを自分の意のままにコントロールしようとする親のことです。

また、ちょっと手厳しい言い方になってしまいますが、過干渉な親は、「子どもは私とは違う人間である」「子どもには子どもの好みがあり、子どもの考え方・感じ方がある」「子どもは私の期待に応えるために生きているわけではない」ということを、受け入れることができない親でもあります。

さらに別の言い方をするなら、過干渉な親とは、「子どもを親の思いどおりにコントロールしようとすることは、子どもの人格を無視する行為であり、子どもの自立を妨げる行為である」ということに気づいていない親でもあります。

子どもは、**自分と親の間にしっかりした境界線を引くことで、心の中に、誰からも侵入されない安全領域をつくり出し、そのことによって自分が自分であることの確かさを育て、心理的に自立していきます。**

しかし、過干渉な親は、その境界線を無視して、子どもの人生に干渉します。そして、そのことによって、子どもが境界線をつくるプロセスを妨げるのです。つまり、子どもが健康的な自我を確立していくプロセスを妨げてしまうのです（自我の確立のプロセスについてくわしくお知りになりたい方は、拙著『「これでいい」と心から思える生き方』〈サンマーク出版〉をご参照ください）。

もう少し具体的に見ていきましょう。

子どもは小学校低学年くらいから秘密をもつようになります。「親には言えないけど、友達にならら話せる」といったことが増えてきます。このように秘密をもつことによって、子どもは親との間に心理的な境界線を引き、自らの心の中に安全領域（安全基地）をつくり出すのです。

ところが、過干渉な親は、子どもの秘密の領域に侵入し、子どもの安全基地づくりを妨げてしまいます。

たとえば、子どもが学校に行っている間に、勝手に子ども部屋に入って、掃除をしたり片づけをしたりする親もいます。中には、勝手に子どもの日記を読んだり、子どもの机の引き出しの中を見たり、子どもの携帯電話の着信履歴を見たりするケースもあります。

自立心が芽生えている子どもであれば、「私の許可なく私の部屋に入らないで」とか、「勝手に僕の部屋に入ったらダメ」などと親に言えるのですが、**過干渉な親に育てられた子どもは、なかなかそれを言えないのです。**自立心の芽を摘まれてしまっているからです。

あるいは、子どもがそれを言えたとしても、「文句があるなら、自分の部屋を毎日自分で掃除しなさい。それができるなら、あなたの部屋に入らないよ」といった具合に、子どもにとってハードルの高い条件を提示することで、子どもにあきらめさせるケースもよく見られます。

なんとしても子どもに境界線を引かせないわけですね。これはつまり、親のほうが子離れできていないということなのです。子どもに依存しているということなのです。それゆえ、子どもが境界線を引こうとすることを、親は受け入れられないのです。

過干渉な親の中には、「あの子と付き合わないほうがいい」などと、子どもの友達付き合いに口出ししたり、「○○高校を受験しなさい」「医者を目指しなさい」などと、子どもの進路に干渉したりする親もいます。

さらには、成人した子どもの恋人選びや仕事選びにまで口出しするケースもあります。子どもを自分のコントロール下に置いておかないと安心できないのです。

また、親が子どもに、「あなたの人生なのだから、あなたが自由に決めたらいいのよ。私は干渉しないよ」と言葉では言っておきながら、親にとって受け入れられない選択を子どもがしたときは、ため息をついたり、悲しい表情になったり、不機嫌になったりして、**間接的に子どもに干渉し、子どもを意のままにコントロールするケースもあります。**

このようなケースで、親との間に境界線を引けていない子どもは、親の残念そうな表情や不機嫌な態度を見ることに耐えられず、自分の気持ちを抑えてでも、親の期待に応える選択をしてしまうのです。

親と子が自立するために通る関門

ここで、親と子の間の境界線という観点から、子どもの反抗期について考えてみましょう。反抗期には、幼児期に見られる第一反抗期と、思春期に始まる第二反抗期がありますが、ここでは後者に焦点を当てることにします。

思春期に入るくらいから、子どもは親の考え方に対して「おかしい」「変だ」と思うようになり、親に対する怒りの感情が湧き上がってきて、それを親にぶつけるようになります。これが第二反抗期です。

特に、それまで親から強くコントロールされてきた子どもほど、反抗の仕方が激しくなる傾向があります。具体的には、「やってほしくない」と親が思うような行動を徹底的にやったり、親に向かって繰り返し暴言を吐いたり、親の人生観や価値観を全面的に否定したりします。

このように**反抗期をしっかり全うできると、子どもは親との間に境界線を引くことができ、親の呪縛から脱することができます。**つまり、心理的な自立が進むのです。

親にとっては、つらい時期となる場合も少なくありませんが、反抗期は子どもの成長過程において大切な意味をもつ時期なのです。

また、子どもの反抗期は、親が子離れするチャンスでもあります。親は子どもの反抗する姿を見てがっかりするとともに、「子どもを意のままにコントロールすることなどできない」「子どもは親の所有物ではない」「子どもには子どもの人生があるのだから、私は私の人生を生きよう」といった大切なことに気づけるのです。

つまり、**子どもの反抗期というのは、子どもが自立していくために通**

る関門であるとともに、親が子離れをして自立していくために通る関門でもあるのです。

親はこのプロセスを通してちゃんとがっかりし、ちゃんとあきらめることができると、子どもに対する執着心を手放すことができます。

そしてそれによって、「自分の人生を生きよう」という自立心が生まれ、**人生後半を幸せに生きるための心の準備が整う**のです。

以上、反抗期の意義について考えてみましたが、反抗期をしっかり全うすることなく大人になる人は、けっして少なくありません。過保護な親や過干渉な親の支配力があまりに強くて、子どもが反抗できないといったケースも多いですが、他にもいろいろなケースがあります。

たとえば、親が心理的に不安定であったり、両親の夫婦関係が不安定であったりすると、家庭に子どもの反抗を受け止める器がないので、子どもは安心して反抗することができません。

また、「親は社会的に尊敬されている人格者であり、親の言うことは正しい」という家族神話が家庭内に浸透していて、「親に反抗するなど、あり得ない」という空気が満ちているケースにおいても、子どもはなかなか反抗できません。

そして、反抗期を経験しないまま、親との間に境界線を引けないまま大人になった人は、他者との間にも境界線を引けないことが多く、人から何か頼まれたときに断ることができなかったり、他者の言動によって振り回されたりしがちです。また、いい人を演じてしまう傾向があるため、人間関係で疲弊することも多いのです。

どうやって境界線を引けばいいのか

親との間に境界線を引けないまま大人になった方には、**反抗期のやり直しをされることをおすすめします。**ただし、思春期の子どもがやるような、親に直接怒りをぶつけるやり方はおすすめできません。

親との間に境界線を引く作業はなるべく理性的にやり、怒りの感情は紙に書きなぐる形で吐き出すのがよいのです。前述した「ゆるす前にやっていただきたい二つのこと」がこれに当たります。

一つ目は「親と自分の間に適切な境界線を引き、親から振り回されたり傷つけられたりしない状況をつくる」ということ、そして二つ目は「感情を吐き出す」ということでしたね。

まず、一つ目のこと、つまり、親との間にどうやって境界線を引けばよいかについてお話ししましょう。

今も親から干渉されることが多いようなら、まず物理的な距離を取るのが有効です。最も親に振り回されやすいのは、親と同居しているケースですので、可能であれば別居して親から離れることが、親との間に境界線を引く上で何よりも有効です。

それが難しいようでしたら、食事の時間をずらすとか、外出する時間を増やすなどして、親と接する時間を減らすことも有効です。

しかし、こうやって物理的な距離を取るだけでは、十分ではないケースも多いと思います。

特に過干渉な親の場合、接する時間を減らしても、顔を合わせたときにいろいろ口出ししてくるとか、夜遅くまで外出していても、携帯電話に「何時に帰ってくるの？」とメールをしてくるとか、せっかく別居したのに、３日に一度は電話をかけてくるなど、こちらが引こうとしている境界線を打ち消すような行動に出てくることがあります。

そこで、親に対して「ノー」と言うことが必要になってきます。「いろいろ心配されるのは負担だからやめてほしい」「ほっといてほしい」「私の人生に干渉しないでほしい」といったメッセージをはっきりと伝える必要があるのです。「携帯電話にメールしてこないで」などの、**より具体的なリクエストも伝えるほうがよい**でしょう。

それと同時に、何かの選択をするときに、**親の期待に応えようとするのをやめ、自分の気持ちをできるだけ優先して選択するようにします。**

親が望んでいないことであっても、自分がしたいことがあるのなら、それを選ぶことにトライしてみるのです。

自立のプロセスを妨げる罪悪感

ただし、それを実行することに難しさを感じられる方もかなりおられると思います。親との間の境界線が弱い人ほど、親の期待を裏切ることに強い罪悪感をもってしまうからです。日本の場合、特に母親が、「あなたの幸せのために、お母さんは苦労してきたのよ」という献身的・自己犠牲的な態度で子どもをコントロールするケースが多々見られます。

自ら苦労を買って出ることによって、相手に「申し訳なさ」を感じさせ、それによって相手をコントロールするやり方のことを、心理学者の高石浩一さんが著書『母を支える娘たち』（日本評論社）の中で、マゾヒスティック・コントロールと呼んでいます。このやり方で子どもを支配する親が、わが国には多いのです。

高石さんが指摘しているように、親の自己犠牲的な態度は、「あなたのことを私以上に気にかけている人など誰もいないのよ」という暗黙のメッセージとなって、子どもをがんじがらめに縛ります。そして、親の期待を裏切って自立しようとすると、子どもの心に強い罪悪感が湧き上がってくるのです。その罪悪感を味わいたくないがゆえに、親のコントロールを受け入れ、自立をあきらめてしまうケースが少なくありません。ですが、もしも親との間に境界線を引き、自立していきたいのであれば、この罪悪感を自分で抱える覚悟が必要です。

罪悪感を抱えつつ親の期待を裏切っていく覚悟、罪悪感を味わいながらも親をがっかりさせていく覚悟が必要なのです。ちなみにこの罪悪感は、多くの場合、親との間に健康的な境界線が引けるのにともなって薄れていきます。

次のふたりの精神科医の言葉も参考になると思います。最初に、岡田尊司さんの言葉を紹介します。岡田さんは、著書『母という病』（ポプラ社）の中で、特に母親との間に境界線を引けずに苦しんでいる人に向けて、次のように述べています。

「自己確立を遂げていくためには、母親から適度な距離をとることが必要になる。近すぎると、依存してしまうか支配されてしまう。（中略）不安定な愛着によって結ばれた母子ほど、時機がきても離れることができない。離れようとすると、どちらからともなく抵抗が起きる。母親の泣き言や非難を聞くと、子どもの心には罪悪感や不安が沸き起こり、母親をおいてよそには行けないという気持ちになる。親を見捨てる自分は、悪い子だと思ってしまう。その点、さっさと母親から逃げ出したいと思える場合は、まだ傷が少ない」

「そもそも自立という関門は、ある意味、母親に見切りをつけるプロセスだと言える。それは、なかなかつらいことだ。後ろ髪をひかれる思いに駆られる。たっぷり甘えて、愛情をもらった人の方が、この関門を容易に通過できるのだが、母親に愛されなかった人ほど、未練が強くなる」

続いて、斎藤学さんの言葉を紹介します。斎藤さんは、著書『インナーマザー』（大和書房）の中で、母親との間に境界線を引けずに苦しむ過食症の女性のケースを紹介した上で、次のように述べています。

「『お母さんがかわいそう』と思うヒマがあったら、自分のほうがかわいそうだと思ったほうがいい。（中略）母親を助ける前に、自分で自分を助けてあげたほうがいい。『お母さんもいろいろあってかわいそうだったけど、でもそれはお母さんの人生だよね。私には私の人生があるのだから、まず自分の幸せを考えなくては』と割り切れれば、病気になどならないのです」

たがいの幸福に関心をもち過ぎないこと

ここであらためて確認したいのですが、親にちゃんとがっかりしてもらい、子離れしてもらうことは、悪いことではありません。むしろ親の幸せのためにも必要なことです。

親は、子どもに対する執着心を手放せないままでいると、子どもに対して過剰な期待をもちつづけてしまいます。そして、その期待に応えてもらえないことに不満ばかり感じるようになり、強い被害者意識で人生を送るようになってしまいがちなのです。

親も子も幸せな人生を歩んでいくためには、それぞれ、子離れ・親離れをし、適度な距離を置く必要があるのです。

家族間に適度な距離が必要なことは、家族療法の知見からも知ることができます。家族療法家のサルバドール・ミニューチンが『思春期やせ症の家族―心身症の家族療法』(星和書店)の中で、子どもが摂食障害になった家族の特徴をいくつか挙げています。

たとえば、家族のそれぞれがたがいに網目のように強く結びついていて、たがいの距離が近過ぎることや、家族がたがいの幸福にゆき過ぎた関心を抱いていることなどを挙げています。

「あなたの幸せのため」と子どもに干渉する親と、「親をがっかりさせてはいけない。親を喜ばせなければ」と親の期待に応える子どもは、どちらも、相手の幸福にゆき過ぎた関心を抱いているわけです。

こうした家族の病理が、子どもの摂食障害となって表れているということなのですが、仮に摂食障害となって表れていない場合でも、家族の誰かに大きな心理的負担がかかっていると思われます。

家族間に適切な境界線を引き、適度な距離を保つことが、家族の健康度を高め、それが家族各人の幸せの土台になるのです。

そして実際に、親との間に境界線を引く作業に取り組んでいくに当たっては、いきなり大きな行動の変化を起こそうとするのではなく、**比較的ハードルの低い行動から始め、少しずつ慣れていくとよい**と思います。

最初は、なかなかうまくできないかもしれません。これまでずっと馴《な》染《じ》んできたパターンを変えていくわけですから当然です。ですが、小さな変化を積み重ねていくと、やがてそれが大きな変化となります。

無理のない範囲で、一ミリずつという気持ちで、親との間に境界線を引いていくとよいのです。できる範囲で、自らの言葉と態度と行動を通して、「私はあなたの期待に応えることはできませんよ」というメッセージを、親に伝えていくとよいのです。

感情を吐き出すこと

ここまで、反抗期のやり直しの一つ目、つまり親との間に境界線を引くことについてお話しししました。

ちなみに、物語の主人公の栄子の場合は、父親をゆるすにあたって、この一つ目に取り組む必要はありませんでした。彼女は結婚して以来、両親とは離れたところに住んでいて、実家に帰省するのは盆・正月くらいでしたし、親から干渉されることもなく、親との間に十分な心理的距離を置くことができていたからです。

彼女にとって必要だったのが二つ目の作業、つまり「感情を吐き出す」ことでした。彼女は高校生のころから、父親に対してほとんど口をきかないという形で反発してきましたが、自分の感情はずっと呑《の》み込んだまま、吐き出していなかったのです。そこで、**紙に書き出す作業を通して、反抗期のやり直しをしたわけです。**

栄子の場合は、しっかりと怒りを吐き出すことができましたが、中にはこの作業を始めてみたものの、なかなか言葉が出てこないという方もおられると思います。

かつて親に対して十分に反抗し、怒りを吐き出せた人は、紙を前にしても怒りの言葉が出てこないかもしれません。その場合は、この作業をパスしてもいいと思います。また、これまでの親との関係の中で、自分の気持ちや意思を十分に尊重してもらってきたために、吐き出すべき怒りが溜《た》まっていない場合も、この作業は必要ないと思われます。

一方、本当は親との間で我慢してきたことがたくさんあるのに、親を責めることへの罪悪感から、怒りを心の奥に押し込めている場合があります。無意識のうちに、「親には親の事情があるのだ。親を責めてはいけない」と自分に言い聞かせ、怒りを抑えていることもあります。このようなケースでは、紙を前にして言葉が出てこないことが多いです。

お話ししたように、親に対する怒りを抑圧していると、その怒りが自分に向かうようになり、自責の念や自己嫌悪に悩まされるようになってしまいがちです。ですから、**親を責めることを自分に許可していただき**

たいのです。親との間で傷ついたことの責任をすべて自分が引き受ける必要はないんだよと、自分に優しく言い聞かせていただきたいのです。

過保護な親や過干渉な親について先ほど私が述べたとき、そのような親に対して、少し手厳しい述べ方をしました。これまで親を責めることができなかった人に、「自分がすべての責任を背負い込まなくてもいいんだ。『親が悪い』と思ってもいいいんだ」と感じていただけるよう、あえてそのような述べ方をしたのです。ぜひ、親を責めることを自分に許可してあげてください。

親を心からゆるすためには、その前にまず、親に対する感情を吐き出す必要があります。そして、そのためにはいったん、親を責めることも必要なのです。

親を責めるといっても、怒りを直接親にぶつけるわけではありません。紙に書き出すだけですので、遠慮なくやってみてください。

以上、親をゆるす前にやっていただきたい二つのこと、つまり、「親との間に境界線を引くこと」と、「親に対する感情を吐き出すこと」についてお話ししました。

この二つの作業に取り組まないまま親をゆるそうとすると、とても苦しくなる場合があります。実際、たくさんの読者から、「親をゆるそうとすればするほど苦しくなる」といった内容のメールをいただきましたが、この二つの作業のうちのどちらか、あるいは両方に取り組んでいないケースが多く見られました。

この二つの作業に取り組むことによって、私たちは反抗期を完了させることができ、親から自由になります。

私たちは、親から自由になることによって初めて、親を心からゆるすことができます。親の呪縛から脱することによって初めて、親に心から感謝することができます。親と適度な距離を取ることによって初めて、無理のない、幸せな親子関係を築いていけるのです。

子どもへの最大の贈り物

ここまでのところを、「育てられた子ども」の立場ではなく、「育てる親」の立場で読まれた方もおられると思います。その中には、「私は過保護な親になってしまっている」とか、「俺は過干渉な親になりかけている」といった感想をもたれた方もおられるかもしれません。

そのような場合、どうかご自分のことを責めないでください。**親も生身の人間なのですから、弱いところもあれば、苦手なこともあるのが当然です。**完璧な親になることなど誰にもできないことです。

普通親は、子育てをする中で、さまざまな心配や不安を感じますね。

そういった心配や不安が、子どもの年齢に応じた適度な保護や、適切な指導につながっていけば理想的なのですが、その心配や不安が大きくて自分だけでは抱えきれないとき、親はどうしても子どもに対して過保護や過干渉になってしまいがちです。

そんなとき親は、自分の等身大の姿をしっかりと見つめ、自分の弱さを認めて、**「今の私はこんなにも心配で不安なんだな。その心配や不安は、自分ひとりでは抱えきれないくらい大きなものなんだな」と受け入れるといいのです。**自己受容をするのです。

そして、その抱えきれない心配や不安が、なるべく過保護や過干渉という形で出ないよう、いろいろ対策を考えるのです。たとえば、子育てについてのたがいの心配や不安を夫婦間で聞き合って、ひとりで抱えられない感情を夫婦ふたりで抱えて支え合うのも有効です。そのためには、夫婦関係の再構築が必要となる場合もあると思います。

また、シングルマザーやシングルファーザーの方であれば、自分ひとりで抱えずに、相談できる相手を見つけることをおすすめします。ひとりで抱えるのは苦しいですし、抱えきれない感情がどうしても子どもに向かってしまいがちです。

私たちは皆、不完全で未熟な存在です。親も不完全で未熟でいいのです。不完全であるということは、成長の余地があるということですし、未熟であるということは、これから成熟していけるということでもあります。

今の自分の不完全さや未熟さを受け入れ、今の自分に合った課題を見つけて一歩一歩取り組んでいくことで、親も成長していけます。そして、親自身が成長していく姿を見せることこそ、子どもに与えることができる最大の贈り物なのだと思います。

ゆるすための8つのステップ

次は具体的に「ゆるすための8つのステップ」をお教えしましょう。

まず、「この人のことをゆるしたい」とか、「この人をゆるすことができたら楽になる」と思える人をひとり選び、その人に対して以下の8つのステップを踏んでみてください。

できれば両親に対しても、一度やってみられるといいと思います。また、結婚されている方は配偶者に対して、離婚したことがある方は、離婚した相手に対してもやってみられるといいかもしれません。

なお、このステップは、すでに亡くなっている相手に対しても有効です。あなたにとってゆるせない人なのであれば、亡くなっている相手に対してもやってみてください。

【ステップ1】 相手との間に境界線を引く

相手の言動によってあなたが振り回されたり傷ついたりする状況が、今も続いている場合は、相手と自分の間に適切な境界線を引き、これ以上、振り回されたり傷ついたりしないようにしてください。

相手に「ノー」と言う、相手と距離を取る、相手から逃げる、適切な人や機関に相談して対策を講じるなどして、自分を守ってください。

現在、相手の言動によって直接振り回されたり傷ついたりすることがないのであれば、このステップはパスしていただいてけっこうです。

【ステップ2】 感情を吐き出す

紙を何枚か用意し、その人に対する自分の感情を書き出してください。

出来事を書き出すというより、その出来事や相手に対するあなたの気持ちを書き出すのです。

最初は、怒りやうらみなどの攻撃的な感情から書きはじめることをおすすめします。感情をストレートに紙にぶつけるつもりでやってみてください。この紙は、相手に見せるものではありませんので、「ふざけるな！」とか「この人でなし！」とか「私に土下座しろ！」など、どんな言葉でも思いつくままに遠慮なく書き出してください。

自分の味わったつらさや悲しさに気づいたら、その気持ちも言葉にしてみてください。自分自身に対して「つらかったね」「悲しかったね」と共感しながら、そのつらさや悲しさをしっかり味わいながら、書き出すのです。途中で涙が出そうになったら、我慢せずに泣いてください。

自分の感情をすべて吐き出せたと思ったら書くのをやめ、その紙を破いて、ゴミ箱などに捨てます。

【ステップ3】 行為の動機を探る

①あなたが「ゆるせない」と思った相手の行為を紙に書き出してください。

②次に、相手がその行為をした動機を想像して、紙に書き出してください。人間の行為の動機は、大きく分けると2種類です。苦痛を避けたいか、喜びを味わいたいかです。

相手はどんな苦痛を避けたくて、その行為をしたのでしょう？ あるいは、どんな喜びを味わいたくて、その行為をしたのでしょう？ それを想像して書き出してください。

③書き終えたら、相手の行為を相手の未熟さや不器用さや弱さとして理解してください。

私たちは、しばしば間違った行為をします。たとえば、喜びを味わおうとしてやっている行為が、逆に苦痛をもたらすことがあります。また、苦痛を避けようとしてやっている行為が、さらに苦痛を増幅させることもあります。

それは、私たちの未熟さであり、不器用さであり、弱さなのです。ですから相手の行為を、相手の未熟さ、不器用さ、弱さとして理解してください。

④次のように宣言してください。

「私がそうであるように、○○さんも苦痛を避けたかったんだ」「私がそうであるように、○○さんも喜びを味わいたかったんだ」

【ステップ４】　感謝できることを書き出す

相手に対して感謝できることを、書き出せるだけ書き出します。さささいなことでもけっこうなので、時間をかけて、できるだけたくさん書き出すことにトライしてみてください。

【ステップ5】 感謝の言葉を復唱する

「○○さん、ありがとうございます」という言葉を繰り返し唱えます。できるだけ、声に出して唱えてください。自分にしか聞こえないような小さな声でもけっこうです。

この時点で、気持ちがついてこなくてもけっこうです。まだ感謝する気持ちがわいていなくても、形から入っていきます。とにかく、この感謝の言葉の復唱を、数分間行なってください。

物語の中で矢口氏は栄子に対して、このステップ5を省略して、親に電話するよう提案しています。これは、例外的なケースだと思ってください。矢口氏は、栄子の個人的な状況から直感的にそう判断したのですが、一般的には、このステップ5をしっかりやった後で、「相手に感謝の気持ちを伝えたい」という思いが自然に湧いてきた場合にのみ、行動に移すことをおすすめします。

【ステップ6】　謝りたいことを書き出す

相手に対して謝りたいことがあれば、これもできるだけたくさん書き出します。

【ステップ7】　学んだことを書き出す

その人との関係を通して、何を学んだかを書き出します。

「その人とどのように接すればよかったのか?」「今後、その人のような人が自分の目の前に現れたら、どのように接するとよいか?」などを考えると、新たな学びや気づきが得られると思います。

【ステップ8】　宣言する

次のように宣言します。

「○○さん、私は私自身の自由のために、あなたをゆるします」
「○○さん、私は私自身の幸せのために、あなたをゆるします」
「○○さん、私は私自身のやすらぎのために、あなたをゆるします」

以上が「ゆるすための8つのステップ」です。

終了したら、最後までやり遂げたご自分を、ぜひしっかりねぎらってあげてください。ゆるすという選択をしたことを褒めてあげてください。

あなたは、ゆるすことで、被害者でありつづけることをやめ、自分の人生の責任を自分の手に取り戻したのです。

そんなご自分にぜひ誇りをもってください。

ゆるせない自分をゆるす

もしもあなたが、誰かに対して「どうしてもゆるせない」という思いを強くもっているなら、その人に対して「ゆるすための8つのステップ」に取り組もうとは思えないかもしれません。あるいは、取り組みはじめたもののステップ3以降に進めない、といったケースもあると思います。

そんなとき、ゆるすことができない自分を責めないでください。**自分が深く傷ついていることを理解し、ゆるせない自分をゆるしてください。**

今は、まだ心の準備ができていないのだと思います。まずは、そのままの自分を受け入れること、つまり自己受容を練習されることをおすすめします。やがて自己受容が深まってくると、人をゆるす余裕も生まれてきます。

自己受容に取り組みながら、自分のビリーフについて探ってみるのもいいですね。ビリーフとは、心の底で信じ込んでいる「思い込み」のことです。

たとえば、次のようなビリーフをもっていると、相手をゆるすことにブレーキがかかります。

・ゆるすと自分が損をしてしまう
・被害者でいるほうが楽である
・相手は、罪の報いを受けるべきである
・うらみは復讐《ふくしゅう》しないと晴れない
・自分を守るためには、ゆるしてはいけない

他にもいろいろありそうですが、これらのビリーフが、自分を幸せに

するビリーフかどうかをよく考えてみるのもいいと思います。

あなたの幸せな人生の実現のために

「ゆるすための８つのステップ」を実行した結果、「相手に感謝の言葉を伝えたい」とか、「相手に謝りたい」といった気持ちになる場合もあると思います。

そのようなとき、思いきって相手に連絡を取り、実際に言葉にして伝えてみるのもいいかもしれません。ただし、その言葉を相手が受け取ってくれることを期待しないほうがいいと思います。

何人もの読者から次のような体験談をうかがいました。

「勇気を出して親に感謝の言葉を伝えたら、『今さら何を言っている』と拒否されてしまいました」

こんなとき、栄子の父親のような反応を自分の親に期待していたとしたら、ショックが大きいですよね。

感謝の言葉や謝る言葉を伝えるときは、見返りを期待せず、相手に伝えることだけを目的にすることをおすすめします。相手が受け取ってくれようとくれまいと、伝えることができたらそれでＯＫとするのです。もしも拒否されたなら、それは、相手がそれだけ傷ついているということです。それは相手の弱さなのです。あなたが責任を感じる必要も、あなたが巻き込まれる必要もありません。

また、相手から拒否されることが心配なのであれば、無理に相手に伝えなくてもいいのではないでしょうか。何よりも大切なのは、**あなたの内面においてゆるしを完了し、あなた自身を相手への執着から解放することです。**そのための内面的な作業プロセスが、「ゆるすための８つのステップ」なのです。

最後に、次の言葉をぜひ心に留めておいてください。本書を通して私がもっともお伝えしたかったことです。

人生で起きるどんな問題も、何か大切なことを気づかせてくれるために起きます。そして、あなたに解決できない問題はけっして起きません。あなたの人生に起きる問題は、あなたに解決する力があり、そしてその解決を通してより幸せな人生を築いていけるから起きるのです。

あなたが幸せな人生を実現されるのに、この本がお役に立てばうれしいです。

あなたに、たくさんの素晴らしい出会いが引き寄せられますように！

あなたの周りに、幸せな人の輪が広がっていきますように！

野口嘉則

本書は、二〇〇六年五月に総合法令出版より刊行された『鏡の法則』を、大幅に加筆、再編集し、再出版したものです。

〈著者紹介〉

野口嘉則（のぐち・よしのり）

「家族関係」と「自己実現」の専門家。ベストセラー作家。

高校時代は対人恐怖症に悩むが、大学入学後、心理学や東洋哲学、人生の法則の研究と実践によって克服。リクルートへの入社を経て、メンタルマネジメントの講師として独立。1999年に心理コンサルティング事務所を開設し、心理カウンセラーとしての活動を始める。2003年には（有）コーチング・マネジメントを設立し、コーチングのプロとしての活動も始め、心理学の手法を使ったコーチングの第一人者となる。個人セッションだけでなく、カップルセッション（カップルカウンセリング、夫婦コーチング）やファミリーセッション（家族カウンセリング、ファミリーコーチング）にも定評がある。

また現在、インターネット上で「オンライン自己実現塾」を開講している。

著書は、ミリオンセラーになった『鏡の法則』（総合法令出版）の他、『「これでいい」と心から思える生き方』『３つの真実（文庫版）』『心眼力』『人生は「引き算」で輝く』『僕を支えた母の言葉』（サンマーク出版）、『幸せ成功力を日増しに高めるＥＱノート』（日本実業出版社）などがある。

現在、インターネットで無料動画セミナー「自尊心・自信を高めるための『自己受容７つのステップ』」を公開中。

★現在公開中の無料動画セミナー
「自尊心・自信を高めるための『自己受容７つのステップ』」
http://www.noguchiyoshinori.net/7step/

★野口嘉則 メールマガジン
http://archives.mag2.com/0000177504/

完全版　鏡の法則

2017年１月10日　初版発行
2023年10月25日　第19刷発行

著　者　野口嘉則
発行人　黒川精一
発行所　株式会社 サンマーク出版
東京都新宿区北新宿 2-21-1
（電）03-5348-7800
印　刷　中央精版印刷株式会社
製　本　株式会社若林製本工場

ISBN978-4-7631-3502-5　C0030
ホームページ　https://www.sunmark.co.jp